JULIANA
O SEGREDO

ISABELA PARENTE

© Isabela Parente
1ª edição: 2015

Todos os direitos reservados. Nenhuma parte deste ebook pode ser vendida, copiada ou distribuída sem a prévia autorização do autor.
isabelaparente82@gmail.com

"Jovens de rosto impassível
Se despem na beira-rio... "

(Federico Garcia Lorca)

1.
A mensagem misteriosa

Li correto a mensagem no WhatsApp?

NÚMERO DESCONHECIDO. PERFIL SEM FOTO: *você é a menina mais bonita que já vi. Você passa por mim e começo a tremer. O cheiro de seu xampú me deixa de pernas bambas. O que você fez comigo?*

Desde que vi essa mensagem estava ansiosa e ao mesmo tempo temerosa de ir para a aula. Não fazia ideia de quem me enviou a mensagem, mas estava suando frio do mesmo jeito.

— Ju, anda logo, a gente vai se atrasar. Tenho de chegar cedo no banco hoje.

— Já tô indo mãe.

Antes de guardar o celular, li mais uma vez a mensagem e não contive um meio sorriso. Não me achava bonita, mas o pior que estava acontecendo ultimamente era ter a sensação de não ter nada de interessante. Desde que os peitos me saíram, que minha cara vivia com umas espinhas horrorosas e ainda me achava sem estilo, desajeitada, sem graça. Nunca me preocupei com roupas, porque não sabia muito bem me vestir. A Luana sempre diz:

— Juju, o segredo é sacar qual é seu estilo. Você não pode agarrar qualquer roupa que aparece em liquidação. Vamos sair juntas e dar uma pesquisada nos brechós.

A Lua é muito boa amiga, quase uma irmã, mas muito diferente de mim. Nos conhecemos porque nossas mães ficaram amigas uns anos atrás, saindo as duas de um momento difícil que envolvia saúde: a mamãe perdendo meu avô, que naquela época estava internado no centro cardíaco de um hospital; e a mãe da Luana perdendo o marido, que veio a falecer uma semana depois que meu avô também faleceu. Porra, foi uma porrada. Eu era pequena, mas meu avô era a minha referência masculina, meu herói, meu palhaço, minha melhor companhia.

    Não conheci o meu pai. O filho da puta abandonou dona Suzane, minha mãe, quando eu ainda estava na barriga. Pra ser mais exata, no sexto mês, quando ficou difícil para a minha mãe dar pra ele nas posições mais escandalosas. Obviamente que essa informação eu não obtive da boca de minha mãe, eu escutei ela contando pra Vanda, a mãe da Luana, quando eu tinha dez anos.

    Estranhamente, ao ouvir aquela conversa, corri pro banheiro, tirei a calcinha e comecei a esfregar a minha xoxota ainda sem pêlos no rolo de papel higiênico até sentir uma agonia forte e depois me acalmar. Comecei assim a me masturbar, depois descobri outras formas, e até hoje é a masturbação que me salva das merdas. Ter quinze anos significa muitas coisas, até ter sede de sexo, de descobrir o mundo, ter saudade forte de tudo que é bom e ter medo de perder a mãe.

— Juliana!

— Aqui estou, mãe.

Apesar de chateada pela minha demora, fez uma cara de quem aprovava o meu cabelo arrumado, coisa muito rara de se ver.

— Ju, já que você tá assim tão bonita, vou te levar hoje para almoçar. Podemos nos encontrar no Grão da Manhã. Vou tirar uma hora a mais de almoço hoje e depois te deixo na casa de sua vó e aproveito para pedir a ela que folgue o meu blazer cinza.

— Hum, ansiosa de novo, mãe? O Davi te deu algum bolo? Ou quer folgar o blazer para ter a desculpa de comer o churrasquinho do domingo? Deixa eu ver a sua pança aí.

— Que audácia é essa, menina? Estou ótima, o Davi está ótimo. Ganhei uns quilinhos porque parei de nadar, não tenho tempo com tanta hora extra que agora temos de fazer para bater a meta. Chegamos. Nos encontramos às 13 horas. Dá aqui um beijinho.

— Tchau, mãe.

Que frio. Vou ter de enfiar esse suéter nada sexy. O Gol da mamãe já sumiu? Que pressa a dela. Enquanto ajeito o meu suéter penso que nosso carro tá muito desgastado. Mamãe não consegue economizar pra trocar. Queria que ela tivesse mais tempo para conversarmos, gosto de estar com ela, mesmo que não concorde quase nada nos gostos dela. Dona Suzane, ultimamente, andava muito cansada, saindo pouco com as amigas. Eu chego da aula de educação física às sextas à noite e a encontro, quase sempre, molhando as plantas, trocando vasos velhos, adubando. Depois do jantar, eu me despeço pra ir jogar baralho com a Luana e ela diz que vai ver um pouco de tv. Encontro dona Suzane dormindo no sofá na minha volta. Às vezes acho que minha mãe não se recuperou do trauma do abandono do meu pai e desconfia demais dos namorados, não quer se apegar a eles. Nunca deixa nenhum dormir mais do que uma noite por semana em casa, e o namorado que mais tem durado é o Davi, um colega dela do banco, divorciado e com 3 filhos mais velhos do que eu. Até que me dou bem com ele, que não me trata como uma retardada como muitos outros.

Trem trem trem. Ai, merda, como vibra esse troço.

NÚMERO DESCONHECIDO, PERFIL SEM FOTO: *Passei agora por você. A camiseta azul embaixo do suéter combina com sua pele.*

Quem é essa pessoa?? Droga, com tanta gente aqui como vou saber quem passou?

— Juliana, você tá aí parada por quê? Vamos, a aula de matemática já começou.

— Oi Martinha, eu estava distraída. Você viu a Luana por aí?

— Passou voando pra botar a cola na carteira dela, parece que vai ter uma prova hoje. Ela não tem jeito... Ei, vamos marcar de irmos nós três na festinha do Júnior este final de semana? A mãe dele vai oferecer um caruru para o níver dele.

— Eu não gosto de caruru, mas adoro as festinhas lá. Eu topo ir sim. Ei, Martinha... você acha que Felipe vai?

Eu achava, ou melhor, eu adoraria, que fosse o Felipe que me manda essas mensagens. Apenas porque ele é tão inteligente e tem uma conversa tão agradável. Não parece nada esses molecotes de 15 anos desajeitados e bobos. E era bonito, uma beleza doce.

— Ah, vai sim! Ele já avisou que vai e todos os meninos da turma estão marcando de bater um baba lá cedo e já ficarem pro caruru direto.

Como por milagre, chego na porta da sala e é justamente o Felipe que vejo. Ele me sorri dizendo:

— Ju, seu cabelo tá massa assim!

— Puxa, valeu, Felipe. Minha mãe me enche o saco pra não andar descabelada e aí já viu, né?

— Pois viva a Dona Suzane!

Meu coração saltando pela boca. Tinha de ser o Felipe. Que puta coincidência seria aquela se não fosse ele? E o elogio do cabelo assim direto?

— Vamos, meninos, vamos. Se ajeitem aí. Hoje quero terminar com Função Exponencial e marcar nosso teste.

2.
Suzane

Tira essa carroça da frente, dona!
— Tá com pressa, seu palhaço?
Droga, esse motor tá quase parando. Oh, meu senhor das causas perdidas, vem aqui me dá uma forcinha. Pelo menos consegui chegar no estacionamento do banco sem essa merda parar de novo.
— Bom dia, Suzane!
— Como vai, seu Carlos?
— Mais ou menos, sabe? Estou saindo de uma briga feia com o diretor.
— Como assim, seu Carlos?
Parecendo notar uma preocupação na minha voz mesmo com meu esforço de disfarçar, seu Carlos me puxou pra mesa dele. Mandou eu sentar e então me contou a briga toda. E terminou muito estressado:

— Não vou pagar pelos erros dos outros, ele vai ter de descobrir quem meteu a mão naquele fundo. Meus 30 anos dedicados ao banco me dão todo o direito de ir à presidência geral se for necessário.

— Claro, seu Carlos, claro. O senhor está certo. Agora, me dá uma licencinha que vou ter de escanear uns documentos que a cliente de hoje de manhã já vai chegar. Tenho de tentar bater a meta deste mês, apesar de estar muito difícil. Hoje me atrasei por causa da vagareza da minha filha Juliana. Cada dia se atrasa mais, agora que a adolescência chegou.

— Vai, Suzane, vai. E fique tranquila que tentarei manter o clima leve aqui, afinal, vocês aqui de baixo não têm culpa. Isso é coisa de gerente vagabundo. E manda um abraço para a Juliana. Nunca mais ela veio aqui, faz muito tempo que não vejo a carinha dela.

— Vai achar diferente. Até mais seu Carlos.

Era só o que faltava. Corri pra minha mesa e fui logo pegando o celular. Mas ao invés de ligar, escrevi uma mensagem: "Temos de conversar. A coisa tá saindo do controle. Você disse que ficaria tudo bem, mas não está nada bem. Seu Carlos teve uma briga com o diretor, descobriram o desfalque na Aplicação. Olha, eu não posso passar por isso, tá entendendo? Tenho uma filha adolescente pra criar. Só me deixei entrar nessa porque estava desesperada, com as mensalidades da escola dela atrasadas, o plano de saúde cancelado por falta de pagamento, o carro a ponto de me deixar no meio da rua. Você tem de cumprir a sua promessa e devolver essa merda. Já deu tempo suficiente de fazer o que você planejou. Me dá a minha parte, pega a sua, e devolve a merda da grana. Dá tempo ainda de pensarem que foi um erro, vão abrir sindicância e não demora a feder essa merda. Não posso correr o risco de perder o emprego."

Passei a manhã sem me concentrar, olhando o celular a cada 5 minutos. Fui três vezes na ala reservada e nada. Eu só fiquei assim, sem dormir, com o coração acelerado, parecendo que uma granada vai cair a qualquer momento e acabar comigo, 3 vezes na vida: quando fui abandonada sozinha pelo Marcos grávida e sem emprego; quando meu pai morreu e agora. Não é que a vida tenha sido sempre ruim. Sinto que amadureci cedo, tendo que criar uma filha sozinha aos 24 anos. Foi uma vida simples, difícil, com meu pai e minha mãe cuidando dela para eu terminar meus estudos. Mas valeu a pena, ela foi sempre a criança mais especial, inteligente e viva que podia existir. E desde que meu pai morreu que conseguimos finalmente morar sozinhas, num apartamento pequeno, mas nosso. Tá certo que agora ela andava dando trabalho, não tem mais tanta alegria, vive emburradinha, não se arruma, parece uma dessas adolescentes de filmes americanos, meio desenxabida. Mas ainda tem um senso de humor afiado. Ultimamente, eu nem converso mais com ela. Tenho vergonha de encará-la, na verdade. Tantas vezes ensinei a ela sobre a honestidade. Lemos juntas um livro de filosofia que falava da ética, de como os seres humanos falham por ter tanta vaidade e tanta falta de coragem. Agora com que cara eu a olho? Também tenho pouca paciência para o Davi ultimamente. Às vezes me exaspera a lerdeza dele. Até preferia que ele fosse mais ousado, que me encarasse, fizesse mais perguntas. A transa é boa, tem uma conversa agradável, é paciente com Juliana. Mas aí acaba.

    O celular não mostra nada novo. Droga, tenho que sair daqui a pouco para almoçar com Juliana.

— Suzane!

Virei e na minha porta estava a Flávia, a antipática, se sacudinho arrogantemente.

— O diretor quer falar com você também. Ele tá chamando todo mundo do seu setor. O que vocês terão errado? Ele tá com um ar de poucos amigos.

— Não tenho nenhum conhecimento de erros. Vou ver o que aconteceu.

Meu coração só faltava sair pela boca. Meu Deus do céu. O que vou fazer? Vou ligar. Atende, merda.

— Suzane, ainda bem que você ainda tá aí.

— Já estou indo, Cláudia. A Flávia me avisou. Estava tentando falar com minha filha para avisar que vou atrasar.

— Não se preocupe, o diretor recebeu uma ligação urgente e está adiando as conversas com todos os que foram chamados para amanhã.

Minha nossa senhora! Eu tenho de conseguir me comunicar com você. Please, atende.

Não sei porque fui fazer isso, meu Deus. Como cheguei aqui? meus olhos estão por explodir de lágrimas, eu tenho de sair daqui agora antes de cair aqui aos berros.

Eu só fui dar por mim quando cheguei à praça 15 de novembro. Sentei no banco de sempre e me deixei desabar.

"— Suzane, meu bem. Que linda você tá.

— Ai, Marcos, você se atrasou.

— Me dá aqui um beijinho, vai, gostosa.

— Pára, estamos em público."

Ele me agarrou pela cintura e me deu um beijo gostoso. Senti que estava numa montanha russa, mas a nuvem de algodão me protegia. Não queria mais sair daqueles braços. Nem sei como fomos parar no motel, mas foi uma tarde deliciosa. Depois daquela, muitas outras. E em todo lugar, a toda hora ele me comia gostoso.

      Enxugo as lágrimas e saio correndo da praça. Essas lembranças não iam me fazer bem. Melhor me recompor para chegar ao Grão da Manhã sem os olhos vermelhos. Tomara que a Juliana se atrase como sempre. Nunca pensei em me ouvir dizendo isso.

3.
O caruru

NÚMERO DESCONHECIDO, PERFIL SEM FOTO: *Oi, linda. Foi um dia cansativo hoje, mas o pior foi que só vi você duas vezes no meu dia. Você me deixa alegre. Te ver me faz esquecer de todos os problemas. Além de ficar sonhando com seu cheiro delicioso.*

— Mas o Felipe te viu váriasss vezes! Não é ele.

Me arrependi de contar pra Luana sobre as mensagens. Agora eu tinha de ficar controlando a língua dela. Eu já tava pirando de tanto ficar olhando pro celular tentando pensar quem seria se não fosse o Felipe. Mal pude conversar com a mãe durante o nosso almoço. Menos mal que ela tava tão preocupada com o trabalho e tão cansada que nem percebeu que eu não tava escutando direito a conversa. E achei ótimo que ela desistiu de passar na casa da vó. Assim pude ficar a tarde com Luana para contar a ela e poder especular com calma.

— Pode ser que ele queira disfarçar um pouco, ter certeza antes de me confessar que é ele. Foi muito estranho como ele olhou o meu cabelo e me elogiou.

— O Felipe é sempre educado e gente boa, sempre faz elogios para a gente. Por que ele mandaria a mensagem se pode falar com você?

— Porque talvez para essas coisas de paquera ele seja tímido.

Lembrei de uma aula de literatura no ano passado. Nós estávamos falando de poesia parnasiana e Felipe me disse bem baixinho:

— Não gosto desses parnasianos e estava cansado de estudar esses poemas chatos para a prova.Então fiz um poema e queria te mostrar, Ju.

— Oh, jura? Me deixa ver.

Eu e Felipe adorávamos a aula de literatura. Mesmo quando era chata, como a de poesia parnasiana, ele e eu não faltávamos. Peguei o papel que ele me mostrou:

Será

que um dia

vou poder deixar esse sol

que me queima as mãos

a barriga

a boca

sair dessa sombra

felina?

— Puxa, Felipe. Que poema lindo. Nada parnasiano, né?

Eu e ele rimos muito.

— Nada parnasiano.

— Mas um pouco barroco. Sol e sombra. A luz que faz você vivo, mas que dói também. E a sombra que fere. O que será que você tem aí dentro, heim?

— Ju! Interessa só saber se você gosta do poema. Nada de interpretação.

Felipe estava vermelho. Primeira vez que eu via a timidez dele aparecer.

— Ah, Felipe! Eu vou te mostrar os meus poemas também!

Ficamos o intervalo todo lendo nossos poemas. Lembrar disso agora, quando naquele momento eu jamais suspeitei, foi uma luz! Claro que era o Felipe. E eu era bobona no ano passado, nem me passava pela cabeça ficar com ninguém, só queria jogar videogame e ir assistir os filmes de Harry Potter.

— Não sei, Ju. Não acho que o Felipe esteja te paquerando.

— Lua, eu vou para o caruru e vou ficar prestando atenção nas reações dele. E você vai me ajudar. Vou dançar e provocar com o Bruno e você vai olhar a cara do Felipe pra ver se ele fica com ciúmes.

— Tá bom, tá bom. Mas duvi-dê-ó-dó.

Luana se achava espertinha desde que começou a ficar com os meninos. Era uma pirãinha, desde os 11 anos. E no ano passado ela perdeu a vingindade. Deu a xoxota nas escadas do prédio de sua prima, na festinha de 12 anos do guri que ela beijava e que era vizinho da prima. Mas não deu pro guri, e sim para o irmão do guri que já tinha 16 anos e uma piroca enorme. Luana ficou dolorida uma semana e passou muito tempo para dar de novo, só que começou a gostar e de vez em quando dava pro mesmo cara até hoje. Diz ela que deixa todos os outros pegarem nos peitos, encoxar, mas que dar mesmo só pro tal.

Eu tinha de mentir pra mãe dela e dar cobertura toda vez que ela queria transar.

Minha mãe não se importou quando eu disse que iria dormir na casa da Luana depois do caruru. Só queria saber se a

Vanda iria mesmo nos buscar, depois de confirmar, ficou tranquila. Sei que sou privilegiada, minha mãe confia muito em mim e não pega no pé como as outras mães. Talvez até ela queira que eu arranje um namorado, pois vive mandando eu me ajeitar. Mas sei que ela não tem mesmo razão pra pegar no pé, estou sempre com a Luana, os amigos ou sozinha lendo e escrevendo. Uma vida sem graça.

—Oi Martinha. Vamos?

— Cadê a Luana?

— Já tá descendo com a mãe dela.

Chegamos cedo no caruru, o Júnior estava descendo pra levar água pra galera do baba. Demos um abraço de feliz aniversário e eu dei a ele o presente que pedi a minha mãe pra comprar: um cd do Belle and Sebastian que eu sabia que ele queria.

— Caramba, que legal, Ju! Adoro esse cd.

Saiu pra mostrar pros meninos e ficamos já dançando, depois de cumpimentarmos toda a família. Era muito legal estar na casa do Júnior. Uma casa de dois pisos e uma laje, mas muito simples, na comunidade. Lá era samba o dia inteiro, e a família do Júnior era toda de sambistas e eu adoro todos. O Júnior é que não curte muito, prefere música Indie. Minha mãe disse uma vez que meu pai morava numa favela quando se conheceram. Depois que assumiu o namoro com ela, passou a ir dormir na casa do meu avô quase todo dia até que do nada já não saía de lá. Até abandonar minha mãe. Parece que vivia cheio da birita e era irresponsável. Mas todo mundo diz que era bonito e charmoso, sempre alegre, cheio de mulher atrás dele. Era só pegar o pandeiro e cantar que a mulherada pirava. Talvez por isso eu me sentia muito à vontade na casa do Júnior. E gostava de ouvir os sambas dos tios dele.

Finalmente, vi os meninos da turma. Cumprimentei todos e Felipe me deu um abraço, dizendo que eu agora só andava bonita. Pisquei pra Luana. Peguei um copo de cerveja oferecido pelo padrinho do Júnior, que disse que era só permitido uma e depois só refrigerante. Chamei o Bruno para dançar e ele foi na mesma hora. Dançamos muito tempo, até eu ficar vermelha.

— Que coisa! hoje você tá animada, heim Ju? Adoro dançar também, mas vou ter de dar uma paradinha pra beber algo e descansar porque joguei bola antes e estou morrendo já!

— Ah, seu fraco. Vai lá descansar.

Vi os olhos ansiosos de Luana e corri até ela, chamando-a para ir comigo no banheiro.

—E então?

— Nossa, Ju! Eu não sei o que tá acontecendo, mas você tinha razão! O Felipe não parou de olhar você e o Bruno dançarem!! Ele mal disfarçava!

— Eu sabia!!! Então era timidez mesmo!

— O que você vai fazer?

— Nada. Estou curtindo as mensagens.

Sorri e voltei pro salão. Estavam todos comendo caruru, fui sentar perto do Felipe.

— Onde aprendeu a dançar tão bem, Ju?

— Bem? Eu? Não. Mas acho que quando crescemos sem saber quem é nosso pai, cada informação vinda é ouro. De tanto ouvir que ele era um malandro que adorava cair na gandaia eu fui internalizando que eu podia também. Odeio o vagabundo mesmo sem conhecer, mas adoro essa alegria do ambiente de onde ele saiu.

— Você tem sorte, sabe?

Felipe me olhou com os olhos bem tristes.

— Por quê?

— Porque não tem de conviver com seu pai. Eu, se pudesse escolher, preferiria que o meu não existisse.

— Nossa. É tão ruim assim o seu pai?

Ele ficou com os olhos cheios d'água e levantou indo lá para fora. Eu o segui. Dei um abraço nele. Ele ficou quieto, se deixando abraçar enquanto as lágrimas caiam. Senti um aperto no peito e me deu muita vontade de cuidar dele.

— Quer conversar?

— Obrigado, Ju. Você é uma doce. Eu vou ficar bem. Deixa eu me ajeitar que, como diz seu Valdo, macho não chora.

Senti uma amargura na sua voz ao dizer isso e segurei a mão dele.

— Homem de verdade chora sim, como dizia meu avô. Que aliás sempre chorava no dia dos pais quando eu chegava com uma cartinha e um desenho em uma mão e um par de meias na outra para me jogar em cima dele ao acordar!

Rimos muito e entramos pra festa.

Logo a festa animou Felipe outra vez e já não tive a chance de chegar perto dele. Fui ao banheiro outra vez e abri a bolsa. Olhei o celular para ver as horas e tomei um susto:

NÚMERO DESCONHECIDO, PERFIL SEM FOTO: *Queria muito poder estar aí no caruru com você.*

4.
A noite é longa

Já estava deitada no colchão no chão do quarto de Luana, que já estava apagada na cama de solteiro ao lado de meu colchão. Eu não parava de pensar nos acontecimentos da noite. Primeiro, fiquei paralisada quando recebi a mensagem de texto. Como assim queria estar lá? O Felipe *estava* lá.

— Ju, só tem duas alternativas: ou não é o Felipe ou tudo é uma brincadeira, uma gozação com você. Arquitetada em grupo pra tirar onda com a sua cara, se divertirem. Eu, se fosse você, desencanava dessa história. Volta pra vida real. Você sempre foi dada a uma fantasia. Tá cheio de gatinhos aí pra você dar em cima. Na minha turma tem um monte, se quiser marco um cineminha pra irmos todos.

— Me deixa pensar um pouco, Lua. Eu estive com Lipe, ele não estava finjindo e não parece que está brincando. Ele até chorou ao fazer um meio desabafo sobre o pai dele. Parece que os dois não se dão bem e ele confia em mim e quer se abrir. Eu tô muito confusa.

— Tá tudo muito estranho. Oh, amiga, vamos lá pedir ao Val, tio de Júnior, uma cervejinha? Só mais uma, ele vai dar, eu sei. Ah, e queria dizer que hoje prestei atenção no Júnior e ele é uma gracinha, tem uns músculos, uma bundinha bonita...

— Luana! Você não tem jeito, né? Não sei se você deve se atirar. Ele é legal, mas ouvi que tem namorada.

— Ah, é? Onde que ninguém vê? Aqui não tá.

— Mas você não tá "ficando" com o Bernardo?

— Ju, eu tô a fim de me sair, sabe? Cansei de ser procurada só quando ele tá a fim de transar. Eu me apeguei a ele. Foi meu primeiro homem, é mais velho, bonito, com cara de homem e não de guri. Mas eu nunca posso sair com ele para um cinema, uma festinha, o aniversário de um amigo. Nunca posso ficar de mãos dadas, ficar fazendo carinho no sofá de casa... eu quero um namorado ou algo parecido. Chega de ficar dando escondido em escadas, banheiros, carro, estacionamentos. Me sinto uma vagabunda suja.

Luana estava com os olhos tristes e parecia muito magoada. Foi a primeira vez que a ouvi falar assim e me surpreendi.

— Oh, amiga! Não sabia que estava mal. Por que não conversou comigo? Vem aqui me dar um abraço. Você não tem nada de vagabunda, é um menina lindíssima e muito gente boa.

Dei um abraço apertado na Luana, pensando em como ela podia se submeter assim a esta situação. Achava que ela era quem queria ficar nessas aventuras. Seus olhos verdes intensos agora diziam outra coisa. Luana é alta, tem uns cabelos escuros e longos, lindíssimos, a pele morena e suave, sem uma espinha a sortuda, uma boca desenhada à perfeição. É magra, mas não demais. Com curvas e uma cintura fina. Tem os seios médios e se veste com muito critério, pensando em tudo. Às vezes exagera, mas fica sempre bonita. É o que chamam de mulherão. Perto dela, sempre me sinto um patinho desajeitado. Detesto maquiagem, salão, unhas pintadas, essas coisas que ela e a Martinha adoram, e não tenho muita paciência pra esse papinho de mocinhas que se preocupam com a aparência o tempo todo. Para o caruru, tive de vestir mil camisetas, minhas três calças jeans e depois desistir e pedir emprestado um dos vestidos da Luana. O mais simples que achei no guarda-roupas dela, com alcinhas, mas não muito cavado, com um recorte quadrado no colo, insinuando mais do que mostrando, e umas bolinhas minúsculas. Azul escuro de bolinhas amarelas. Eu usei o vestido me esforçando para imaginar que o Felipe gostaria de me ver assim arrumada. Botei o vestido para ele me ver. Agora... não adianta nada disso.

— Vamos, Lua. Vamos aproveitar mais a festa.

Enquanto Luana foi atrás da cerveja, fui conversar um pouco com a mãe do Júnior, dona Marlene. Gostava muito dela e me sentia à vontade.

— Quando vai fazer uma feijoada de novo, dona Marlene?

— Hahaha, você continua não gostando de caruru, né Juli? Vem cá, minha bonita. Vou te dar um prato de sarapatel que sobrou de ontem. A feijoada só não fiz porque o mês é de Cosme e Damião, mês de caruru.

— Ah, é! E o Júnior faz aniversário bem no mês de Cosme e Damião! Mas não se importe comigo não, estou com pouca fome hoje.

—Deixa de besteira e vem aqui na cozinha buscar o sarapatel.

Na cozinha estava uma farra. As tias e primas de Júnior servindo, limpando, fofocando e tomando cerveja. Uma alegria. Cumprimentei todo mundo e fiquei curtindo estar ali, imaginando a diferença entre a nossa pequena família, pois a mamãe só tem mais um irmão que mora em outra cidade e nos visita apenas no natal.

Peguei o prato de sarapatel e fui com dona Marlene sentar na sala de estar.

— E sua mãe, Juliana? Por que não veio? Ela vem te buscar? Vou fazer um pratinho pra ela, pois ela sim gosta de caruru.

— Não, hoje é a dona Vanda. Vou dormir com a Luana. Minha mãe não tá saindo muito, parece cada dia mais cansada e preocupada. Parece que agora tem metas a bater no banco, e sai do trabalho mais tarde. Mas ela vai adorar o prato de caruru. Deixo na geladeira da Luana e amanhã dou a ela. Obrigada, dona Marlene.

— Imagina, não precisa agradecer. Sua mãe merece. Que droga que ela tá tendo que trabalhar demais. Não tá fácil pra ninguém, minha filha. É a crise. Aqui tá pegando também, o Antônio tá desempregado, eu tô segurando tudo com a quitanda. Ano que vem Júnior vai ter de trabalhar pra ajudar a pagar as contas, e não sei se podemos ficar pagando a escola dele. Mesmo com bolsa parcial, tá pesado. Vixe, tão me chamando na cozinha, fica aí comendo o sarapatel à vontade, Juli. Não vai comer lá fora pra não despertar a vontade nos outros, pois o que sobrou não é suficiente nem para mais um prato!

Ela saiu apressada e aproveitei para comer e olhar as fotos da estante. Tava era bom o sarapatel da dona Marlene. Eu até gostava de que era apimentado. Minha mãe sempre achou curioso que eu tinha os mesmos gostos de comida que o vagabundo de meu pai. Que lindo o Júnior nas fotos. Sempre orgulhoso da família, abraçando tios e primos ou os pais. Levanto para olhar de perto uma foto de todos nós na quinta série e escuto umas vozes baixinhas vindo de dentro de um dos quartos.

Meu coração dá um salto, pois reconheço a voz de Felipe.

— Alguém pode descobrir. Eu tô com muito medo. Não sei mais o que fazer, meu pai tá cada dia mais desconfiado e mais violento. Agora anda descontando na minha mãe, dizendo que a culpa é dela por me proteger e me deixar parecendo um maricas.

A outra voz sussurrou algo que não consegui ouvir.

— Sim, eu sei, mas até quando? Eu quero ficar perto de você, meu amor. Não quero mais viver escondendo que estamos juntos, não aguento mais não poder ficar perto e só poder te ver em situações públicas e perigosas.

Eu gelei. Minha cabeça começou a rodar. Então Felipe tinha um amor que não era eu? Eu estou passada. Pensei que ele sentia algo especial por mim e estava começando a gostar dele de outra maneira que não era só amizade. Quem seria essa pessoa com ele? E quem me manda as mensagens? Fiquei agitada e confusa.

— Juliana! O que tá fazendo aí? A Lua tá te procurando, ela tava preocupada com seu sumiço.

— Oi Martinha, eu tava aqui comendo e já estava indo. Vim ver a dona Marlene um pouco e acabei preferindo comer aqui mais sossegada.

— Ah, sabida! Vamos lá então que a festa já já acaba pra nós, a dona Vanda vem nos buscar daqui a pouco.

Não tive coragem de dizer que queria ficar. Fiquei com medo de Martinha também escutar a conversa. De alguma maneira, alguma coisa me dizia que tem um segredo ali que ninguém pode saber.

Já no salão, fiquei prestando atenção a todas as meninas e rapazes, mas não dava pra saber quem seria a menina com Felipe. Aliás, não conseguia saber que meninas não estavam ali, mas sabia que o Júnior, o Bruno, além do Lipe, não estavam no salão.

— Ju! Tava onde?

— Lua! eu tava lá com dona Marlene. E você?

— Hummm...adivinha? hehehe.

— O quê?! Não me diga!

E de repente vi que chegava o Júnior, disfarçando, mas dando umas olhadas para a Luana.

— Ah, achamos uns lugares mais reservados para uma conversa mais íntima. Aliás, tem vários lugares ótimos nesta casa.

Luana piscou pra mim e já foi dançar com a galera. Enquanto eu tava distraída, o Felipe já tava por perto. Fiquei sem graça, mas resolvi ir até ele.

— Oi.

— Oi, Ju! Que festa mais legal, né? Adoro as festas do Júnior. É outro mundo, diferente do meu, sabe? Aqui tudo é normal, sem tensão, com a família curtindo junto. Bem diferente da minha casa.

— É, eu sei. Também sinto isso. Mas não porque na minha casa seja muito tenso, apenas é chato ter uma família pequena, de classe média baixa e ainda por cima com uma mãe que só vive trabalhando.

Você acredita que ultimamente minha mãe nem sequer vê o namorado dela?

— Jura? Aliás, acho incrível a relação entre você e sua mãe. Legal que você aceite os namorados dela assim.

— Ah, desde que sou pequena que ela só tem namorados. Nunca arranjou um pai substituto pra mim. Talvez foi melhor assim. O Davi é o cara mais perto disso, porque já tem mais tempo de namoro do que os outros e o cara é pai,então, se esforça para me entender, sabe?

— Pô, Ju. Eu te acho muto legal, mais madura do que as outras meninas da nossa idade. Desde sempre achei isso. Te curto pacas.

Eu ouvi isso e quase gritei a ele por que estava me dizendo essas coisas se há pouco tempo estava chamando alguém de meu amor. Mas resolvi não dizer nada. Também achava ele especial e queria curtir isso e esquecer a história das mensagens. Mas fui surpreendida com uma revelação.

— Ju... eu preciso te contar um segredo. Preciso desabafar com alguém senão vou explodir. Você é a única pessoa para quem eu posso dizer isso.

— Caramba, Lipe. Não venha me dizer que você tá usando drogas. Não, pior! Que fez algum assalto para conseguir grana pra se drogar! Ou, meu deusss! Você matou uma velha igual ao Raskólnikov de *Crime e castigo* e o corpo dela começou a cheirar mal!

— Hahahaha! Ju, já vem você com sua imaginação dramática. Pára... já estou querendo rir. Olha, é sério.

— Desembucha logo que eu tô achando que o babado é sério mesmo.

— Eu sou gay.

— O quê?! Nãooo! Jura?!

De repente, tudo fez sentido. Comecei a lembrar de vários lances, de comportamentos, de conversas e atitudes de meu amigo. Acho até que ele tinha tentado me dar pistas. Na hora, mesmo com toda a surpresa que tive ao ouvir, não foi tão chocante escutar aquilo. Eu tava tão na fantasia da mensagem de WhatsApp que me deixei ir na minha própria viagem, mas nada era tão natural, não sei bem porquê, como escutar aquilo.

    Dei uma gargalhada e abracei o Felipe.

    — Ei, queridos, sinto interromper esse romance aí, mas... minha mãe tá esperando a gente. Vamos, Ju?

    Eu e Felipe nos olhamos e rimos mais ainda com o comentário da Luana.

    Quando chegamos na casa da Lua, tomamos banho e tive de convencer ela de que eu não tinha ficado com Felipe. Não podia contar nada do que ouvi, eu ainda tava digerindo tudo. Mas tratei de dizer que não parecia mesmo ser o Felipe quem me mandava as mensagens.

— Somos só amigos, hoje que fiquei perto dele mais tempo pude perceber. Não foi ele quem mandou as mensagens.

— Ai, Ju! Então chegamos ao fim dessa história. Esquece isso. Olha, quer saber de uma novidade? Sexta-feira que vem vou sair com Júnior depois da aula! Ele me chamou pra ir ao cinema! Foi uma gostosura ficar com ele. Uns beijos deliciosos e uma pegada forte. Não avançou o sinal, mas eu bem que queria. Hehehehe. Mas tá bom assim, com calma, sem ser logo invadida por pintos duros antes mesmo de tirar a roupa.

— Oh, Luana! Eu também acho que assim é melhor. Curtir aos poucos. Bem, eu até hoje só beijei um menino, quando eu tava na sétima série, mas só de imaginar alguém que eu mal conheço me invadindo, tenho vontade de sair correndo. Quero dar com muito tesão e tempo para curtir tudo. E tem de ser uma pessoa legal, eu tenho de ter certeza disso.

— Ah, tá, a santa. Você vai querer dar na mesma hora que eu sei. Não entendo é como tu até hoje tá virgem. Foi a primeira que começou a falar de sexo entre a gente!

— Uma coisa é falar, outra é fazer. Minha mãe sempre me explicou as coisas de sexo e por isso eu conversava com vocês que eram todas bobinhas, mas não vou fazer nada com ninguém porque ele quer. Tem de ser quando eu quiser. Já você, tá bom de ser menos assanhadinha. E vamos dormir que estou morta.

A Lua apagou logo e eu não consegui dormir. Tateei no escuro até pegar meu celular e ali estava mais uma mensagem:

NÚMERO DESCONHECIDO, PERFIL SEM FOTO: *onde você estará agora? Já em casa? Será que o caruru foi legal? Eu sonho com o dia que vou ficar perto de você, fazer coisas legais em sua companhia, conversar. Queria te beijar também. E ficar olhando de perto essas pintinhas que você tem no nariz.*

Uma coisa que nunca me ocorreu antes, me veio naquele instante... e se eu respondesse? Por que não pensei em responder antes? Resolvi mandar uma mensagem curta.

JULIANA: *quem é vc?*

5.
A balada

— Mãe, pelo amor de Deus, é só uma baladinha, não tem estresse.

— Juliana, você não vai sair assim como se sua mãe não cuidasse de você. Eu estou sem dinheiro, filha, e não dá para você ficar pedindo roupas emprestadas às amigas.

— Mãe, se ligue: eu não ligo pra roupas e isso não é um casamento, uma formatura, ou qualquer coisa do gênero! E mesmo que fosse! Não tô nem aí.

— Mas eu estou, filha. Você é linda, mas não se ajeita. Fico sentida de não poder mandar você ir no salão, fazer unha, cabelo.

— Mãe, as outras mães tem outras preocupações mais normais. Não acredito que você não quer me deixar ir porque me acha inadequada? Era só o que faltava. Foi você mesma quem me ensinou que as aparências não importam, o que importa é a essência. Ser o que somos, de verdade.

— Sim, meu amor, eu sei, e me alegro que tenha aprendido isso. Mas eu vejo você sem ter uma roupa nova, um vestidinho, um batom, um sapatinho, eu não me sinto bem não podendo dar a você o que as outras mães dão às filhas. Uma mocinha da sua idade tem de começar a se arrumar, arranjar um rapaz direito pra começar uma paquera, um namoro. Não quero que você atraia um vagabundo como eu, que acabei atraindo o seu pai.

— Mãe, pó parar com essa conversinha. Eu não tô procurando namorado, e se estivesse não é dentro de seus modelos. Eu não vou deixar de sair porque não tenho roupa nova e pronto. E outra coisa: você sabe que odeio batom! Vem logo pensar aqui como fazemos com a ida e a volta. A Vanda vai sair hoje, então é melhor você combinar com ela quem leva e quem pega. E onde dormimos.

Senti o olhar triste da mamãe e quis logo acabar com a conversa. Ela se culpa pela falta de grana, mas não falta nada de essencial em casa. Não ligo pra roupa, mas estou cada vez mais percebendo que a mamãe associa minha aparência ao tipo de gente que posso atrair. Ela já me contou que andava como uma hippie quando era novinha e conheceu o papai. Diz que se ela não aparentasse tanto que não tava nem aí pras coisas sérias, ele não a teria abandonado. Eu já disse a ela que isso não tem nada a ver. Mas ultimamente ela está mais obcecada com essas coisas. O pior pra mim é ver que a mamãe tá cada vez mais cansada e trabalhando mais e a grana pouca. Quero pedir um dinheirinho a ela pra tomar algo na balada. Vai dar pra descolar um esquema de comprar cervejas e não queria ficar de fora.

— Mãe. Tô de boa com o lance da roupa, boto uma camiseta mais decotada, aquela preta, e uns jeans justo e fico bem. Até dou um jeito no cabelo. Mas vou precisar de um dinheirinho.

— Como assim? Você disse que os convites eram grátis.

— Mãe, os convites sim, mas a bebida não, né?

— Filha!

— Qual é mãe? Não vamos ficar a noite toda dançando de bico seco. Não faz essa cara. Vamos só tomar umas cervejinhas. Um amigo descolou com o primo dele que trabalha lá pra vender pra gente, mas temos de dar a grana antes para ele dar umas fichas e assim não precisamos ir ao caixa e mostrar a identidade.

— Não gosto nada disso. É só cerveja mesmo? Nada de maconha, nem bebida forte, né?

— Oxe, mãe. Só se for dos marcianos.

— Ai, ai, Juliana. Tá bom, vai. Mas só deve tomar o máximo de três latinhas e assim mesmo dividindo e devagar, ok?

— Três?! Pelo menos quatro, né mãe?

Passei a semana me comunicando com a pessoa misteriosa das mensagens. Sem saber quem era ainda, mas começando a sentir um frio na barriga, a procurar as mensagens todos os dias. Não podia ir dormir sem trocar umas mensagens de WhatsApp. A pessoa não quis dizer quem é, diz que ainda não se sente segura para dizer. Mas me convenceu a ir a esta balada, garantindo que estaríamos muito perto. Fiquei surpresa quando essa pessoa disse que o Felipe também ia para a balada, e o Bruno. Então eu resolvi convencer a Luana e o Júnior a irem também e tudo certo. Mas essa semana foi de novidades. Eu encontrei o Felipe na escola e fiquei sabendo ainda mais coisas.

— Ju! Vamos tomar um refri no intervalo?

— Oi Lipe, boa ideia. Te encontro no pátio. Vou indo devolver uns livros na biblioteca.

— Êpa, vem cá! Que livros?

— Cara, li *Assim que passarem cinco anos*, do Federico Garcia Lorca, uma maravilha. Foi a professora de teatro que me recomendou. Aliás, você deve ler. E li também *Ao farol*, de Virginia Woolf. Difícil de ler um pouco, mas achei bem legal.

— Pô, Ju! Quero ler sim. Vou anotar e pegar lá. Vou começar pelo de Lorca. Já ouvi um cara falar dele num chat na internet. Você sabe que ele...?

— Claro, Felipe. Soube logo que o cara era bicha. Ops, desculpe.

— Não tem problema, você pode falar assim, mas só entre a gente.

— Olha, você não vai ficar ofendido mesmo, né?

— Não, meu bem.

— Tá, até já.

Na lanchonete, não o encontrei sozinho. Ele tava com o Bruno, daí passamos o tempo conversando sobre vários assuntos, mas nada de intimidade. Falamos de filmes, de teatro, de literatura e de música. O Bruno faz aula de piano desde pequeno e toca na orquestra jovem do Mosteiro de São Bento. Até que na hora de ir embora, Felipe me olha meio estranho.

— Ju. Quero te apresentar o meu namorado.

Ele falou na frente de Bruno, dando a entender que ele também sabia de todo o segredo.

— Tá, onde ele tá?

— Sou eu, Juliana.

Bruno sorriu para mim e disfarçadamente pegou na mão de Felipe.

— Oh, céus! Como sou burraaaa!

Foi só aí que contei para eles que havia escutado, no caruru, uma parte da conversa deles e que não havia descoberto quem era a outra pessoa. Agora o mistério, pelo menos *esse* mistério, estava resolvido. Acabei não contando das mensagens. Sei lá, tinha um pouco de vergonha do mico de ter achado que era o Lipe me mandando.

Mas, fato é que quando eu soube que eles também iam para a balada, fiquei bem contente, porque estaria com amigos e porque sentia que a pessoa é gente boa, passa uma tranquilidade. Tem sido muito divertido trocar mensagens com ela e estamos falando de coisas bem interessantes. Descobri que lemos os mesmos livros ultimamente e temos conversado sobre isso.

NÚMERO DESCONHECIDO, PERFIL SEM FOTO: *Acho Drummond mais legal de ler do que Castro Alves.*

JULIANA: *Mas Castro Alves tem O Navio Negreiro. Porra, é muito bom esse poema. Gosto de saber que além do amor e de outros temas, os poetas também eram políticos e engajados socialmente.*

NÚMERO DESCONHECIDO, PERFIL SEM FOTO: *Mas Drummond também era engajado!*

Uma vez eu estava caindo de sono, mas não queria terminar a conversa. Acabei contando uns lances de família, falei de ter sido abandonada por meu pai e de me sentir culpada às vezes quando pensava que queria saber quem é ele.

NÚMERO DESCONHECIDO, PERFIL SEM FOTO: *Claro que você quer saber. Isso é normal. Não tem de se sentir culpada. A Nossa origem é sempre uma questão, afinal, desde que sabemos que nossos genitores nos fizeram, é certo querer saber quem são... e se você conhece a mãe, nada demais querer conhecer o pai.*

JULIANA: *Obrigada por suas palavras. Valeu mesmo. Penso que sou egoísta às vezes, sabendo o que passou à mamãe... Mas, sobre saber quem nos fez, você quer dizer que tenho vontade de saber por uma questão de origem? De saber que um homem e uma mulher me geraram e que agora quero saber quem é o pai? Mas se sua lógica fosse assim, o que seria das crianças que nascem com duas mães ou dois pais? Se um ou uma houvesse abandonado o outro antes de nascer? Não no caso dos adotados já nascidos, lógico. Você acha que seria igual? Que ter uma mãe faria querer saber quem é a outra? Ou quem é o outro pai?*

NÚMERO DESCONHECIDO, PERFIL SEM FOTO: *Hum... boa pergunta. Eu não sei... mas sei que gosto muito de você e da maneira que você pensa. Vamos dormir? Um beijo, minha menina linda.*

Confesso que foi gostoso dormir depois de ler essa frase. Toda a conversa esses dias tem me deixado muito bem. Quero saber quem é essa pessoa que tem tudo a ver comigo, e vai ser na balada que vou saber!

6.
Um sexo diferente

— Não acredito! Sério que o Felipe e o Bruno se pegam?

Resolvi contar logo pra Luana e fiz isso quando ela e Júnior estavam comigo esperando a minha mãe pra nos levar na balada, já que a mãe de Luana iria nos buscar.

— O que é que tem, Luana? Eu já sabia!

— O quê, Júnior?! Como assim?

— Ah, eu sempre fui bróder do Bruno. Sempre percebi uns lances diferentes dele e na sexta série ele me contou que curtia meninos. Foi só um pouco estranho porque eu tava na fase de descobrir as meninas, mas não me importei. Ele me contou porque me considera um irmão, sempre nos demos bem desde muito guris. Me disse que tava beijando um menino mais velho, na época era o Eduardo da sétima série. Depois de terminarem, porque o Eduardo tava a fim de caras mais experientes, ele e o Felipe começaram a se paquerar, mas o pai do Felipe dava a maior marcação e ninguém no colégio podia descobrir se não seria um escândalo. Então eles iam pra minha casa sempre que podiam para bater baba e lá em casa eu dava cobertura pra eles ficarem. Não tem nada demais, sabe? Cada um deve fazer o que quiser e não me faz mal, nem a ninguém, então deixa eles.

— Mas homem com homem! que desperdício!

— Olha, todo mundo tem direito a ser feliz. E ninguém é menos digno por ser diferente. Eu, por exemplo, sou negro. E tanto eu como meus amigos da comunidade somos vistos como marginais só por nossa cor de pele. Eu sei muito bem o que é ser discriminado por ser o diferente. Além de preto, ainda sou pobre. Sexualidade, cor de pele, padrão de beleza: por que inferiorizar o que sai da norma? Vocês duas mesmo, as mães de vocês estão sem maridos, mas nem por isso deixam de cuidar de vocês e de serem mães, né?

Ouvi o Júnior comovida e logo vi que a Luana também ficou remexida. Nós três nos abraçamos.

— Puxa, é mesmo. Me sinto mal por ser tão besta. Você tem razão, meu negão.

Luana se atracou num beijo de língua com o Júnior e mal vimos minha mãe chegar. Apesar da surpresa, a minha mãe pareceu gostar de ter visto a Luana com o Júnior. Quando nos despedimos, ela perguntou baixinho pra mim:

— Eles tão namorando?

— Ficando, mãe. Só ficando. Vê se não conta pra Vanda porque é ela quem deve contar.

— Claro, filha, claro. Olha, toma aqui: paga uma cervejinha pra eles. Diz que é um brinde que eu faço.

E minha mãe saiu piscando pra mim depois de me dar mais um dinheirinho.

— Sua mãe é incrível! Jura que ela mandou fazer um brinde pra gente?

Júnior estava pulando de felicidade. Só agora pude ver que esse lance de ser negro deve mexer muito com a autoestima das pessoas se elas não forem bem seguras. Todo mundo olhar pra gente como se fôssemos bandidos só por não ter a pele branca. Já pensou?

Mandei uma mensagem pro Felipe para saber onde eles tavam. E também mandei uma mensagem pra meu admirador secreto, mas vi que a mensagem não foi entregue ainda.

Entramos e vi logo o Lipe. Nos abraçamos e cochichei no ouvido dele que a Luana tava sabendo que ele e Bruno ficam.

E Luana deu um abração no Felipe e foi logo tagarelando:

— Tô sabendo que você e o gatinho do Bruno se atracam! Que golpe baixo, heim? Tô brincando. Hehehe. Tá de boas, Lipe! E cadê o Bruno?

— Tá pegando umas fichas ali com o primo dele.

— Ah, Lipe, também quero comprar umas fichas, aqui a grana. Minha mãe liberou um dinheirinho pra umas cervejinhas.

— Vamos lá ver o Bruno então, Ju.

Já quando estávamos cada um com sua cervejinha na mão, depois de contar pro Bruno que a Luana já tava sabendo de tudo, e também contar que minha mãe viu Lua e Júnior se beijando e foi de boas, comecei a sacar o ambiente e vi a bandinha tocando e só aí foi que percebi que era de uma galera da escola. Da galera mais velha, do segundo ano do ensino médio. Cheguei perto e fiquei curtindo o som. Conhecia todos, o do baixo, o da bateria, o carinha do violão, o casal dos vocais e a moça da guitarra, a Daniela. Nossa, como ela mandava ver na guitarra! Todos eles eu me batia ou nas aulas de teatro ou na biblioteca e sempre dizia um oi. Queria estar perto deles, mas sentia que por eu ser mais nova eles não me davam bola. Mas notava que nas aulas de teatro, eles curtiam as minhas intervenções e ideias.

— Ei, vamos dançar lá no segundo piso, galera?

— Vamos.

— Eu vou ficar por aqui um pouquinho, escutando a banda.

Fiquei curtindo muito a banda. O repertório da galera era todo massa. Fiquei estudando eles todos fascinada. As mãos da guitarrista me chamavam a atenção. E o piercing no nariz dela. Visto assim, fora da escola, tudo nela chamava mais atenção. Camiseta cortada nos braços, jeans rasgados, pulseiras de couro. Um rosto delicado, mas de olhar forte.

 Quando deu o intervalo, subi para procurar a minha galera e encontrei todos se jogando na pista. Dancei com eles. Depois de muito tempo, fui ao banheiro e olhei meu celular. Vi que a mensagem foi lida, mas não me respondeu nada a criatura. Fiquei frustrada, chateada. Parece que tomei um bolo. Ah, foda-se. Cansei da fantasia, a Luana estava certa. Era preciso viver o presente.

 Peguei mais uma cerveja e voltei pra dançar. A banda estava se preparando embaixo e ainda dava pra curtir mais um pouquinho o ambiente de cima, que era uma minidiscoteca com um *DJ* incrível de bom. Estava me acabando na pista num *hip hop* com Lipe e Bruno quando a Daniela, a guitarrista, se aproximou. Beijou o Lipe e o Bruno e me olhou.

— Vocês se conhecem, né?

— Sim, sempre nos batemos na biblioteca. Oi, Juliana.

— Oi Daniela.

Sorriu pra mim. Me deu um beijo no rosto e senti algo bom. Ficamos conversando e perguntei horrores sobre a banda, quem compunha as músicas, há quanto tempo tocavam juntos, etc. Mal vimos o tempo passar, até que o carinha da bateria veio chamá-la.

— Quer vir junto pra escutar? A próxima canção eu fiz, e sou eu que faço o solo.

Fiquei hipnotizada por um longo tempo, não conseguia me mover. Ela arrasou no solo, uma canção linda. Eu estava perto dela, colada no palco e tive arrepios. Vi o corpo dela todo vibrar também, na intensidade do sentimento da música. Não sei quanto tempo mais a banda tocou. Quando terminou, ouvi a voz de Lipe e de Bruno pedindo bis e todos logo fizeram coro, incluindo eu e Luana. Foi surpresa pra mim que ela fez de novo o solo. E desta vez olhando diretamente nos meus olhos. Eu já havia sacado que ela é lésbica, mas nunca me dediquei a especular isso, não me interessava, do mesmo jeito que os meninos também não me interessavam. Mas agora senti algo diferente. E comecei a gostar de não estar mais recebendo mensagens. A vida é o que a vida é.

Depois de terminar o *show*, fomos para a pista de cima e ela veio com os amigos da banda e se juntaram a nós. Peguei mais cerveja, ofereci a ela. Dançamos uma canção mais embaladinha meio juntas e ela pegou na minha cintura em certo momento. Deixei e gostei.

Luana e Júnior estavam atracados, de repente o Lipe e o Bruno tinham sumido.

— Vou fumar um cigarro lá fora. Você fuma?

— Não, nunca fumei. Mas te acompanho porque aqui vou segurar vela.

— Beleza, então vamos lá. Tem um parque infantil aqui ao lado e é legal fumar lá olhando as estrelas sentadas nos balanços.

Ela fumou um cigarro enquanto conversávamos. E não entramos ao acabar o cigarro. Conversamos sobre música e sobre as bandas que gostamos. E finalmente ela segurou na minha mão. Para a minha própria surpresa, eu mal senti a mão dela e, num impulso, já agarrei a sua cabeça e dei um beijo.

Foi a sensação mais gostosa de minha vida. Ela pareceu surpresa, mas logo dominou a situação. E quanto mais me beijava, mas eu sentia um fogo crescendo dentro de mim. Ela me apertava mais e mais.

Botou as mãos dentro da minha blusa e senti as minhas costas arrepiarem.

Parou de me beijar e me puxou para um canto mais escuro onde uns carros estavam estacionados. Disse que o carro cinza era de um dos rapazes da banda e ela quem tinha as chaves. Me apalpou o corpo todo ali mesmo, encostadas no capô do carro e eu não me controlei, botei a mão dela dentro do meu soutien. Parece que esse foi o sinal. Ela levantou a minha blusa um pouco e começou a morder devagar os meus mamilos. Cada sensação que eu tinha era nova. Alucinante, como mergulhar numa água transparente e ver peixinhos coloridos. Ou como olhar a lua em noite clara de lua cheia. Ela sugou um e outro peito. Apertou, arranhou devagar, chupou forte. Eu tava alucinando, doida para ela tocar a minha xoxota. Queria transar, queria gozar ali com ela e queria sentir o corpo dela. Comecei a levantar a blusa dela e chupei os peitos dela com fúria. Eu sentia a minha boca pegar fogo ao encostar na pele dela. Tiramos os jeans e ela abriu a porta do carro. Entramos no banco de trás, ela em cima de mim, me lambendo, arrancando minha blusa e o meu soutien de uma vez. Tirou a minha calcinha e eu estava molhada. Não me importei com nada, só desejava que ela me levasse a algum lugar que eu ainda não conhecia, mas que supunha ser a coisa mais maravilhosa do universo.

Senti os lábios dela roçarem a minha barriga. Depois, com fúria a língua me lambeu a xoxota toda.Lambia e chupava os grandes lábios, numa alternância de enlouquecer. Antes de encostar a boca toda molhada no clitóris, ela colocou um dedo dentro de mim, começou bem suave e com cuidado, e depois fez movimentos cadenciados e fortes. Com a boca ao mesmo tempo, chupou o meu clitóris, e então, eu senti uma onda gigante, prateada, me levantar à maior das alturas. O gozo veio em cascatas com meu grito de prazer ao fundo.

...

Passamos muito tempo no carro, transando. Eu comi ela como se sempre houvesse feito isso na vida. E só quando a madrugada apontava o dia, saímos do carro e nos vestimos. Entramos na boate e fomos ao banheiro, lavamos os nossos rostos e encontramos nossos amigos. Todos felizes e iluminados, numa onda de amor e amizade que nos invadia a todos. Na hora de nos despedirmos, abracei ela bem apertado.

— Me dá seu telefone?

— Você já tem. Pode mandar uma mensagem de WhatsApp.

Senti que a vida era feita de surpresas. E estava começando a entender e a gostar mais da vida.

www.ingramcontent.com/pod-product-compliance
Lightning Source LLC
Chambersburg PA
CBHW031310060426
42444CB00033B/1156